Copyright © 2013 by Grupo Pequeno Cidadão

Grafia atualizada segundo o Acordo Ortográfico da Língua Portuguesa de 1990, que entrou em vigor no Brasil em 2009.

Consultoria
Marcelo Luciano dos Santos (CBSK)

Capa e projeto gráfico
Jimmy Leroy

Preparação
Ana Maria Alvares

Revisão
Luciana Baraldi
Mariana Nogueira

Tratamento de imagem
Simone R. Ponçano

Dados Internacionais de Catalogação na Publicação (CIP)
(Câmara Brasileira do Livro, SP, Brasil)

Patrial, Vinicius
   SK8: Manual do Pequeno Skatista Cidadão / Vinicius Patrial ; ilustrações de Jimmy Leroy — 1ª ed. — São Paulo : Companhia das Letrinhas, 2013.

   ISBN 978-85-7406-588-5

   1. Literatura infantojuvenil I. Leroy, Jimmy. II. Título.

13-03536   CDD-028.5

Índices para catálogo sistemático:
1. Literatura infantil 028.5
2. Literatura infantojuvenil 028.5

1ª reimpressão

[2021]

Todos os direitos desta edição reservados à
EDITORA SCHWARCZ S.A.
Rua Bandeira Paulista, 702, cj. 32
04532-002 — São Paulo — SP — Brasil
☎ (11) 3707-3500
www.companhiadasletrinhas.com.br
www.blogdaletrinhas.com.br
/companhiadasletrinhas
companhiadasletrinhas
/CanalLetrinhaZ

Sk8

Manual do Pequeno Skatista Cidadão

Texto
Vinicius Patrial

Ilustrações
Jimmy Leroy

Grupo Pequeno Cidadão
**Taciana Barros,
Edgard Scandurra,
Antonio Pinto
e filhos**

Música "SK8"
Taciana Barros e Vinicius Patrial
CD Pequeno Cidadão 2

PEQUENO CIDADÃO

Companhia das Letrinhas

TICO E PEPEU SÃO DOIS IRMÃOS QUE ADORAM SE DIVERTIR COM TODOS OS TIPOS DE BRINCADEIRAS.

ESCUTAR MÚSICA, JOGAR VIDEO GAME, LER LIVROS E HISTÓRIAS EM QUADRINHOS.

JOGAR BOLA, BRINCAR DE PEGA-PEGA E ASSIM VAI.

MAS NA HORA DE ANDAR DE SKATE, É SÓ O PEPEU, O IRMÃO MAIS VELHO, QUE PRATICA.

TICO TEM UM POUCO DE MEDO DE NÃO CONSEGUIR SE EQUILIBRAR E DE SE MACHUCAR.

ELE ACHA O ESPORTE MUITO LEGAL E DIVERTIDO, FICA OLHANDO SEU IRMÃO DURANTE HORAS...

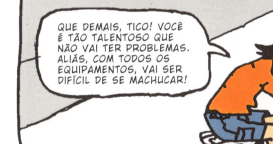

PEPEU SENTIU QUE SEU IRMÃO TINHA ATITUDE E QUE HAVIA TOMADO CORAGEM PARA APRENDER ALGO NOVO. IMEDIATAMENTE COMEÇOU A DAR OS PRIMEIROS TOQUES...

Como surgiu o skate

Não existe uma data exata para o começo do skate, mas dizem que ele é uma evolução do scooter e dos patins, brinquedos que já eram populares desde a década de 1920. Com o passar do tempo ele teria se transformado, até surgir na forma como o conhecemos, no início da década de 1960, na Califórnia, Estados Unidos. Durante os períodos em que o mar ficava sem ondas, para obter a mesma sensação que tinham na água, surfistas desciam ladeiras sobre pranchas de madeira nas quais fixavam eixos com rodinhas retirados de patins. No começo, esse passatempo era chamado de sidewalk surf, o "surfe de calçada". A brincadeira cresceu e ganhou muitos adeptos em todo o mundo.

Em 1965, teve início a fabricação de skates, e realizaram-se as primeiras competições. A partir dos anos 1970, com o surgimento das rodas de uretano (ou poliuretano), o skate não parou mais de evoluir: materiais, equipamentos, pistas e manobras relacionados ao esporte estão em constante renovação.

Filosofia do Esporte

Para que o skate se tornasse um esporte, foi preciso criar regras e competições; isso começou já nos anos 1960. Hoje temos confederações, federações, associações, organizações, além de uma enorme indústria que patrocina atletas profissionais e amadores. Esses atletas estão sempre participando de competições, vídeos promocionais, apresentações do esporte, sessões de fotos e todo tipo de mídia que divulgue seu nome e a marca que está representando.

Porém, nem todos os skatistas gostam ou participam de competições. Muitos andam de skate somente para curtir e se divertir, e podem ser tão bons quanto os profissionais.

Várias pessoas enxergam no skate uma forma de se expressar, de superar os próprios limites. Sempre que alguém acerta uma

manobra, os companheiros de sessão comemoram, e eles também incentivam os iniciantes a levantar de um tombo e tentar de novo. Tudo isso torna o skate um esporte solidário.

A cultura do skate sempre esteve envolvida com a música e vários tipos de arte, principalmente a street art, a "arte da rua". Um tempo atrás, dava para identificar um skatista só de olhar para ele, por causa de suas roupas, atitudes e das músicas que ouvia.

Isso já não é mais tão fácil, pois hoje existem skatistas de todos os estilos, profissões e idades: roqueiros, rappers, nerds, punks, empresários, médicos, músicos, arquitetos, boleiros, atores, adultos, crianças, e por aí vai. Todos com um prazer em comum: andar de skate.

AS 10 MODALIDADES

O skate está em constante evolução, tanto em relação aos materiais e equipamentos utilizados como, principalmente, às manobras executadas.

Essa evolução fez com que surgissem várias modalidades do esporte, cada vez mais técnicas e radicais. Hoje há dez modalidades reconhecidas pelas federações e confederações de todo o mundo, e certamente vão surgir novas no futuro!

1- STREET

No "skate de rua", esta é a modalidade mais popular de todas, praticada desde os anos 1980. A sensação é de estar livre e solto pela cidade. Você simplesmente põe o skate na rua e sai andando, explorando a arquitetura dos lugares — calçadas, escadas, corrimãos, bancos de praças, parques etc. —, ou simplesmente usa uma das várias pistas que reconstroem esses obstáculos.

Alguns obstáculos de rua

Manobra:
backside ollie

VERTICAL

Nesta modalidade, os skatistas andam em uma rampa com uma inclinação de até noventa graus. Também chamada de "vert", ela é praticada em pistas do tipo half pipe, bowl e megaramp.

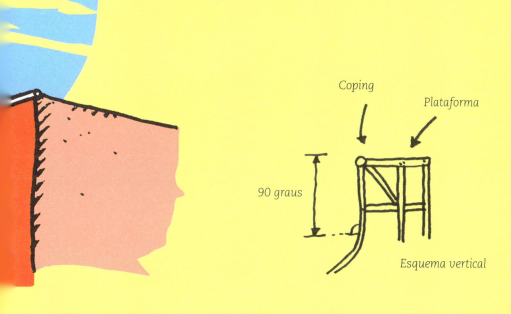

Esquema vertical

VERTICAL
2- HALF PIPE

É a modalidade mais conhecida, praticada em pistas em U — o formato mais tradicional, quase um ícone das pistas de skate —, geralmente com mais de quatro metros de altura e mais de dez metros de largura.

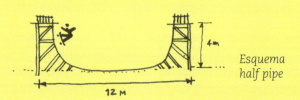

Esquema half pipe

Manobra:
frontside grind

VERTICAL
3-BOWL

Na década de 1970, durante um período de seca na Califórnia, o sol castigou tanto que as piscinas secaram! Bem diferentes das piscinas brasileiras, as americanas possuem paredes curvadas para evitar que rachem no frio intenso do inverno. Com as piscinas secas, alguns skatistas começaram a se divertir dentro delas e descobriram como era radical andar em transições (ou rampas). Assim surgiram várias manobras diferentes, como a aérea. Isso motivou a construção de pistas, chamadas de bowl, imitando as piscinas mas usadas só para a prática do skate. Há bowls de várias formas (de feijão, de ameba, quadrada etc.).

Esquema bowl redondo

VERTICAL
4 - MEGARAMP

É a modalidade mais nova de todas. Sua estrutura é gigantesca. Você dropa (p. 52) de uma altura de um prédio de dez andares, desce como um raio e, a aproximadamente oitenta quilômetros por hora, salta de uma rampa, voa sobre um vão de vinte metros e pousa em outra rampa que alivia o impacto; depois, segue rumo a um quarter pipe (p. 55) enorme que te joga na estratosfera! A altura das manobras impressiona até mesmo os próprios skatistas, que usam praticamente uma armadura de segurança. É a mais radical das modalidades do skate.

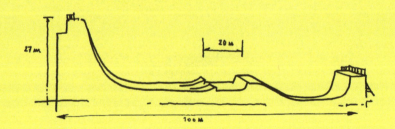

Esquema megaramp

5-BANKS

Manobra:
frontside blunt

É uma variação do bowl, mas com a pista mais baixa e sem vertical. É mais fácil andar nela. Foi muito popular nos anos 1980 e hoje é uma das mais procuradas para uma boa diversão. Assim como os bowls, os banks possuem várias formas.

Esquema banks

6 - FREESTYLE

O "estilo livre" é uma das primeiras modalidades do skate, com cerca de quarenta anos. O skatista realiza manobras consecutivas em uma área plana, acompanhado de sua música favorita. As manobras assemelham-se a uma dança maluca em que não se coloca o pé no chão.

Esquema freestyle
Giro de 360°

7 - MINIRAMP

Versão menor do half pipe. Não possui vertical. Por ser simples de construir e de baixo custo, esse tipo de pista existe em todo o Brasil, para uso público ou privado. Junto com o banks, a miniramp é usada por skatistas de todas as idades e modalidades. Ela pode ser construída até no seu quintal, com madeira, cimento ou metal!

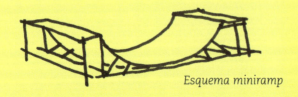

Esquema miniramp

Manobra:
one truck

8 - SLALOM

Nesta modalidade, é preciso usar um skate mais fino, com o eixo bem solto para que você consiga fazer zigue-zagues e desvie de cones sem derrubá-los. Quanto mais rápido, melhor! Assim como o freestyle, é uma das primeiras modalidades a aparecer na prática do skate.

Esquema slalom com cones

9 - DOWNHILL SPEED

Basta dropar de uma boa e grande descida, buscando a melhor aerodinâmica possível, como um foguete, e ir "a toda velocidade colina abaixo", como diz o nome da modalidade.

O skatista pode atingir mais de cem quilômetros por hora!

Mas cuidado: todos os equipamentos de segurança são necessários, e deve-se prestar muita atenção em carros e cruzamentos, já que, junto com a megaramp, o downhill speed é uma das modalidades mais perigosas do skate.

Esquema downhill speed

Manobra:
frontside layback slide

10 - DOWNHILL SLIDE

Ao chegar ao topo é só olhar para baixo, pôr o skate no chão e descer dando slides, ou seja, virando o skate de lado e escorregando com as rodas ou outras partes do skate sem perder a velocidade. Os machucados são frequentes e os equipamentos de segurança são importantes. Suas rodinhas vão literalmente pegar fogo e é normal que fiquem quadradas!

*Esquema
downhill slide*

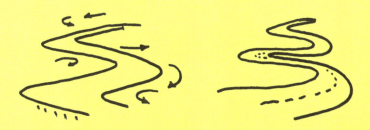

EQUiPAMENTOS de SEGURANÇA

Quem anda de skate sempre está sujeito a contusões e lesões e, por isso, é fundamental usar os equipamentos de segurança — e, o mais importante, estar concentrado e, ao mesmo tempo, de cuca fresca. Veja os equipamentos que devem ser usados no dia a dia de um skatista radical:

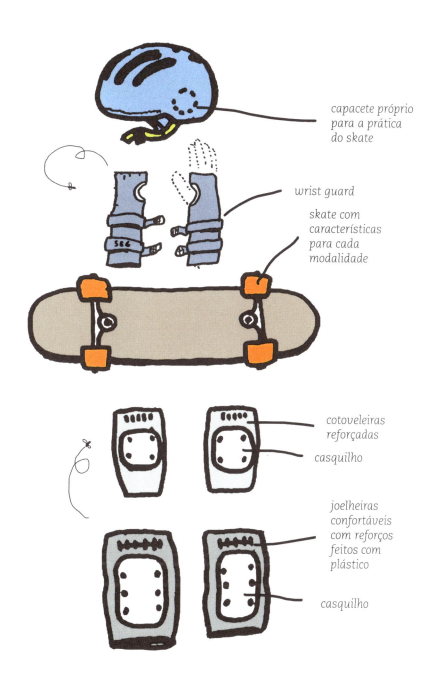

Equipamentos básicos para a prática do skate

O que é o quê?

Você ficou boiando na conversa do Tico e do Pepeu? É que os skatistas usam muitas gírias e termos específicos.

AÉREO: manobra em que o skatista voa de uma rampa segurando o skate.

BACKSIDE: quando as costas do skatista estão viradas para o obstáculo.

BASE: gíria do skate usada para dizer de que lado você anda. O pé direito na frente chama-se goof e o pé esquerdo na frente, regular. Quando alguém diz "O cara tem base", quer dizer que ele anda bem de skate. Base também pode ser o nome da parte de baixo dos trucks, eixos de metal onde se fixam as rodas do skate.

BATIDA (KICK TURN): ir de encontro a uma rampa, virar 180 graus sem chegar à borda e voltar de frente.

BATIDA NO CHÃO: pegar impulso sem pôr os pés no chão, virando o skate para lá e para cá.

CBSK: Confederação Brasileira de Skate.

COPING: tubo de ferro ou de concreto fixado na borda das rampas, no qual o skate pode deslizar.

DOUBLE SET: escada com dois lances.

DROPAR: descer do topo de uma rampa ou ladeira.

FAKIE: ir ou voltar de ré.

FIFTY OU 50/50: nada mais é que deslizar com os dois trucks ao mesmo tempo sob alguma borda: de ferro, concreto etc.

FLIP: dar um ollie e, quando o skate estiver saindo do solo, chutar o pé da frente para o skate girar como um parafuso e voltar com as rodas no chão.

FRONTSIDE: quando o corpo do skatista está de frente para o obstáculo.

GAP: vão sobre o qual o skatista salta.

GRIND: deslizar com apenas um dos trucks sob uma borda de ferro, concreto etc.

KICKFLIP 360 OU 360 FLIP: girar o skate em 360 graus, de modo que ele faça um movimento de hélice e parafuso ao mesmo tempo.

NOLLIE: igual ao ollie, só que com o pé da frente pressionando o nose.

NOSE: frente (bico) do skate.

OLLIE: pressionar o pé de trás no tail do shape contra o chão e impulsionar o skate e o corpo para cima fazendo o skate colar no tênis e sair do solo. É a manobra mais importante. É com ela que se iniciam quase todas as outras.

POP SHOVE-IT: conhecida também como varial. É um giro tipo hélice de 180 graus do skate, em que o corpo do skatista permanece na mesma posição. O tail fica virado para a frente e o nose, para trás.

QUARTER PIPE: metade de um half pipe ou de uma miniramp.

ROCK AND ROLL: encaixar a metade do skate na borda de uma rampa e fazer um giro 180 graus voltando de frente.

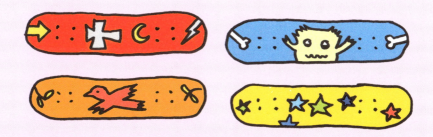

SHAPE OU DECK: prancha de madeira com lixa na superfície de cima.

SK8: skate.

SLIDE: virar o skate de lado e escorregar com as rodas ou com outras partes do skate.

SWITCH STANCE: andar com os pés trocados, ou seja, com a "base" invertida. É como escrever com a mão oposta àquela com que você está acostumado.

TAIL: parte de trás (rabeta) do skate.

TRANSIÇÃO: é a parte curva ou simplesmente inclinada de uma rampa ou pista.

TRÊS MEIA (OLLIE 360 GRAUS): dar um ollie girando o corpo em 360 graus e fazendo o skate acompanhar o seu movimento.

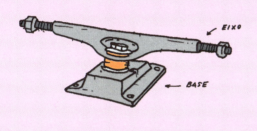

TRUCK: eixo de metal onde se fixam as rodas. É preso ao shape.

POLIURETANO: material derivado do petróleo. Parece plástico com borracha. É usado para fazer as rodas do skate.

GÍRIAS

AMARELAR: ficar com medo.

À PAMPA: tranquilo, na boa.

BAZON: skatista que anda bem em qualquer lugar.

BONANZA: brega.

CARRINHO: skate.

CASCA-GROSSA: pessoa brava, difícil.

CHAMPS: campeão, fera, amigo.

É NÓIS NA FITA: pode contar comigo, estamos juntos.

EMBAÇADO: complicado, difícil.

EQUIPA: equipamento.

ESTRELINHA: pessoa que se acha a boa.

FAZER STREET: andar na rua ou em obstáculos de rua.

FLAT: chão, parte reta da pista, piso.

GANGUEIRO: estilo hip-hop, largado.

GRALHA OU PREGO: skatista que só cai, que não anda bem.

KEKÉ: quando a roupa está esgarçada, perdeu a elasticidade.

LARICA: fome.

MARIA-ROLAMENTO: garota que gosta só de skatistas.

MIGUÉ: enrolação.

NA MIÚDA: escondido, quieto.

NÃO ESQUENTA: não se preocupe.

NERVOSO: mesmo que embaçado, radical.

NIPE: legal, cheio de estilo.

OLD SCHOOL: skatista, manobra ou alguma coisa da velha guarda do skate.

PICO: um bom lugar para a prática do skate.

PISTOLEIRO: quem só anda em pistas.

PROS: skatistas profissionais.

QUEBRADA: bairro, região.

QUEBRAR: acertar todas as manobras.

ROLA: o mesmo que queda, tombo, vaca.

STYLE: estiloso, com personalidade, legal, bonito.

TETÊ: roupa curtinha, apertada.

VACA: queda.

VACILÃO: bobão, oreia.

VÉIO: amigo, companheiro.

VELÔ: gás, velocidade.

YEAH!: expressão afirmativa usada para comemorar uma boa manobra, por exemplo.

VINICIUS PATRIAL

Nasci em Londrina (Paraná) em 1976 e sou skatista há 26 anos. Sou formado em arquitetura e hoje trabalho com cenografia, projetos de pista de skate e artes plásticas. Minha manobra mais prazerosa e radical é cuidar dos meus filhos, Tomé e Damião. Também tenho um conjunto de rock chamado Vermes do Limbo, no qual toco baixo e dou uns gritos. Música e skate são minhas paixões e paciência é meu lema!

JIMMY LEROY

Comecei desenhando
cowboys e índios,
lendo gibis e assistindo
desenhos na TV.
Segui estudando artes
plásticas, pintando
e desenhando um montão
de logotipos e marcas.
Faço também vinhetas e
animação para televisão
em um canal de crianças.
Tenho duas filhas que me
inspiram a desenhar.
Fui skatista principiante
na adolescência e não
me esqueço dos dias
incríveis que passei em
cima da tábua...

www.pequenocidadao.com

PEQUENO CIDADÃO

O grupo Pequeno Cidadão começou em 2008. A gente se juntou com a ideia de registrar nossa amizade e a de nossos filhos num CD em que todos cantassem e tocassem (sem falar na bagunça). Aconteceu que foi tudo muito divertido, e depois de gravar resolvemos fazer um show. Gostamos da experiência, nossos filhos também, e partimos para vários shows por todo o país. Daí lançamos um DVD de animação e mais um monte de coisas. E no final de 2012 lançamos um segundo CD. Estamos muito orgulhosos deste livro porque, além do rock 'n' roll, a gente ama esportes.

Fizemos a música SK8, que inspirou este livro, pensando em contar um pouquinho sobre a sensação de liberdade que se sente ao andar de skate e em passar a mensagem do "cai, levanta, vai de novo", que serve pra tudo nesta vida.

GALERA do SK8

A marca FSC® é a garantia de que a madeira utilizada na fabricação do papel deste livro provém de florestas que foram gerenciadas de maneira ambientalmente correta, socialmente justa e economicamente viável, além de outras fontes de origem controlada.

Esta obra foi composta em Caecilia LT Std e impressa pela Gráfica Bartira em ofsete sobre papel Alta Alvura da Suzano S.A. para a Editora Schwarcz em agosto de 2021